상상날개 스무고개

이렇게 구성되어 있어요!

1. 기상천외한 괴물을 따라 상상해 보기

여러 가지 물건들로 뭉쳐진 괴물을 보고
상상 날개를 활짝 펼쳐 보아요. 도대체 이 괴물은 뭘까?
수도 없이 많은 물건들은 어디서 나온 걸까?

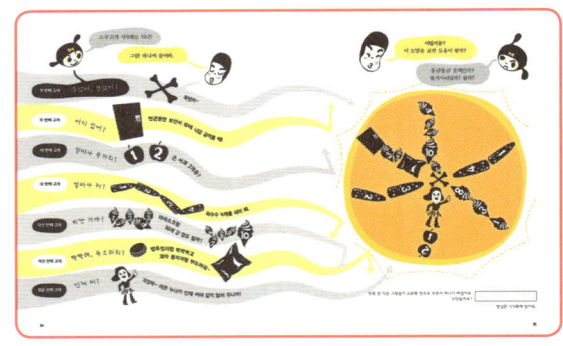

2. 스무고개를 넘어가며 상상해 보기

첫 번째 고개, 두 번째 고개... 그리고 스무 번째 고개까지
알쏭달쏭 퀴즈가 있어요. 도통 모르겠다고요?
커다란 힌트 그림이 도움이 될지도 몰라요.

3. 알록달록 모인 그림으로 상상해 보기

자, 흑백 물건들이 드디어 다 모여
알록달록 커다란 모양을 만들었어요. 이제 알겠다고요?
그럼 얼른 글자로 써 보아요.

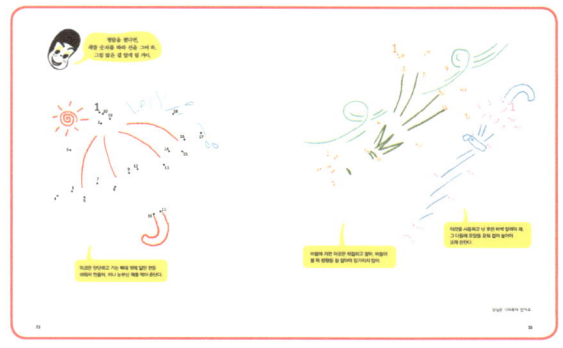

4. 점을 이어 가며 상상해 보기

1, 2, 3... 숫자에 맞춰 점을 이어 보아요.
맞아, 내가 상상했던 바로 그거야! 하고 외칠 거예요.
이젠 진짜로 정답을 딱 알아맞힐 수 있어요.

5. 정답을 요모조모 살피며 상상해 보기

정답을 드디어 알아냈어요.
그런데 매일 보던 이 물건이 조금 궁금해졌어요.
가만히 살펴보며 새로운 상상을 해 보아요.
아하, 이런 역사와 과학이 들어 있었어요!

이 책을 보는 법을 잘 알았지?
하지만 숨어 있는 정답들은 잘 모를 거야.
스무고개를 다 넘어가야 알 수 있다고.
그럼, 지금부터 상상 날개를 펼치고 출발~!

차례

첫 번째 상상 날개를 활짝 펼쳐 봐. ······12
　　　스무고개 정답 ······24

두 번째 상상 날개를 활짝 펼쳐 봐. ······26
　　　스무고개 정답 ······38

세 번째 상상 날개를 활짝 펼쳐 봐. ······40
　　　스무고개 정답 ······52

네 번째 상상 날개를 활짝 펼쳐 봐. ······54
　　　스무고개 정답 ······66

다섯 번째 상상 날개를 활짝 펼쳐 봐. ······68
　　　스무고개 정답 ······80

여섯 번째 상상 날개를 활짝 펼쳐 봐. ······82
　　　스무고개 정답 ······94

일곱 번째 상상 날개를 활짝 펼쳐 봐. ······96
　　　스무고개 정답 ······108

여덟 번째 상상 날개를 활짝 펼쳐 봐. ······110
　　　스무고개 정답 ······122

정답 ······124

그럼 스무고개도 못하겠구나.

스무고개! 뭐 생각했는데? 그거야 내가 바로 맞히지!

상상 그림만 보고 맞히면 천재!

여덟 고개 전에 맞히면 기린~
열다섯 고개 전에 맞히면 돌고래~

스무고개까지 가서 맞히면
야옹야옹 고양이~
끝까지 못 맞히면 햇병아리~

흥, 상상 날개를 펴고
금방 맞혀 줄게!

내가 생각한 건, 우선...

동그랗고 길쭉하고 또...
말썽꾸러기가 좋아해!

벌써 진땀이 나는걸.
뭘까, 뭘까? 삐질삐질...

첫 번째

상상 날개를 활짝 펼쳐 봐.

나는 누구일까?
나는 뾰족하고
둥그렇고 변신도 해.
나를 바로 알아맞히면~
너는 진짜 천재~

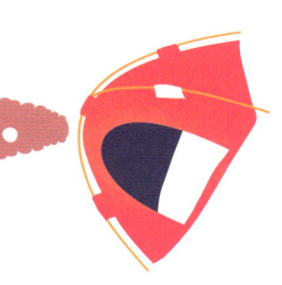

옥수수, 종이 박스, 팽이... 여러 가지가 몽땅 모여서 엉뚱한 걸 만들었어. 상상 날개를 펼치라고?

도대체 상상이 안 되니? 그럼 스무고개로 한 고개씩 넘어가 보자고!

 스무고개 시작해도 되니?

 그럼! 하나씩 물어봐.

첫 번째 고개 죽었어, 살았어?  죽었어~

두 번째 고개 어디 있어?  현관문만 보면서 밖에 나갈 궁리를 해!

세 번째 고개 얼마나 무거워?  큰 사과 2개쯤?

네 번째 고개 얼마나 커?  옥수수 4개를 이어 봐.

다섯 번째 고개 비싼 거야?  아이스크림 10개 값 정도 될까?

여섯 번째 고개 딱딱해, 부드러워?  병뚜껑처럼 딱딱하고 과자 봉지처럼 부드러워~

일곱 번째 고개 언제 써?  걱정 마~ 매일 밤 언제 써야 할지 알려 주니까!

 다음 고개로 넘어가자고, 빨리!

 어렵지, 못 맞히겠지? 히히.

여덟 번째 고개 어떻게 생겼어?

 동그라미였다가, 세모였다가, 길쭉 네모!

아홉 번째 고개 그럼 변신한다는 거야?

 손가락 하나로 뿅! 눈 깜짝할 새 뿅!

열 번째 고개 멋있게 변신해?

 변신 로봇처럼 1단, 2단, 3단!

열한 번째 고개 변신해서 뭐해?

 커다란 날개를 가진 수호천사~

열두 번째 고개 색깔이랑 무늬는?

 물놀이 튜브, 아빠 넥타이처럼 끝도 없어.

열세 번째 고개 뭘로 만들었어?

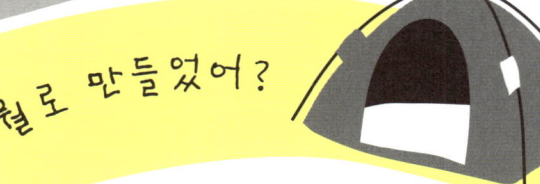 텐트가 다 알고 있을걸?

열네 번째 고개 무서워하는 것도 있어?

 세찬 바람, 휘이잉~

왼쪽 면 물건 가운데 오른쪽 면으로 오면서 또 하나가 빠졌어요. 무엇일까요?

정답은 124쪽에 있어요.

금방 맞힐 줄 알았는데...
뭐지? 뭘까?

상상해 보라고~
답은 도대체 뭘까요?

열다섯 번째 고개 겁내지 않는 것도 있어?

똑똑똑 물방울, 이글이글 해님!

열여섯 번째 고개 사람한테 위험하지는 않아?

팽이처럼 돌리기, 칼싸움은 위험하지!

열일곱 번째 고개 혼자 쓰는 거야?

혼자 쓰는 거지만, 둘이 쓰면 더 좋아~

열여덟 번째 고개 없으면 어떻게 돼?

100미터 달리기 선수, 그리고 물에 빠진 생쥐!

열아홉 번째 고개 대신 쓸 수 있는 건?

큰 잎사귀, 종이 상자, 비닐봉지.

하나도 눈에 안 띄면?

집으로 전화해. 그럼 엄마가 가져와.

스무 번째 고개

왼쪽 면에 없지만 오른쪽 면에 뽕 나타난 게 있어요. 무엇일까요?

정답은 124쪽에 있어요.

스무고개 끝~
힌트를 다 모아 놓았어.
이래도 모르지는 않겠지?
호호.

그럼, 벌써 알았다고.
내 머릿속에서도 이걸 상상했어!

스무고개까지 힌트 그림을 다 모았어요.
그런데 딱 하나 빠진 게 있어요. 무엇일까요?

정답은 124쪽에 있어요.

스무고개 정답은 말이지...
지금 바로 써 보겠어.

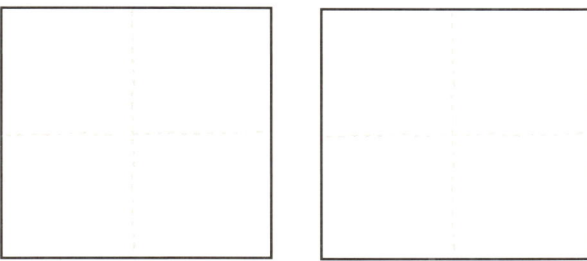

정답은 126쪽에 있어요.

정답을 썼다면,
색깔 숫자를 따라 선을 그어 봐.
그럼 많은 걸 알게 될 거야.

이것은 단단하고 가는 뼈대 위에 얇은 천을 씌워서 만들어. 비나 눈부신 해를 막아 준다.

정답은 **우산**입니다.

우산은 옛날에는 왕이나 귀족만 썼어요. 햇빛을 가릴 때만 썼고, 그마저도 특별한 제삿날에나 썼답니다. 그로부터 1000년이 훨씬 더 지나서야 많은 사람이 쓸 수 있게 되었지요. 우산은 종이 우산, 비닐우산, 천 우산 등 여러 종류가 있었어요. 종이 우산은 대나무와 닥종이로 만들어요. 비닐우산에도 대나무가 들어가지요. 하지만 지금은 거의 모든 우산이 쇠를 뼈대로 합니다. 그 위에 비닐을 덮으면 비닐우산, 천을 덮으면 천 우산이 되는 거예요.

"휴, 우산쯤이야 쉽게 알아맞혔지 뭐. 내가 똑똑하거든."

"몰라서 진땀 흘린 게 누구더라? 다음 문제를 쉽게 맞힌다면 똑똑하다고 할 수 있지만..."

"생각했어! 이건 말이야... 먼저, 연탄이랑 만두를 합쳐!"

"연탄이랑 만두를 합하면 뭐가 돼? 뭘까, 뭘까, 뭘까?"

나는 누구일까?
나는 느릿느릿 가다
로켓처럼 쌩- 빨리 갈 수 있어.
나를 바로 알아맞히면~
너는 진짜 천재~

축구공, 장갑, 오징어...
대체 무슨 괴물이야?
잘 모를 때는... 음...
상상 날개를 펼쳐야 해!

상상 날개를 펼치고
스무고개를 하나씩
하나씩 넘어가 볼까!

스무고개 시작해도 되니?

물어봐. 난 준비됐으니까.

첫 번째 고개 죽었어, 살았어?
콩닥콩닥 심장이 뛰고 있지!

두 번째 고개 얼마나 커?
축구공 2~3개쯤 크기?

세 번째 고개 어디 살아?
선풍기나 부채가 필요 없는 곳!

네 번째 고개 무슨 색이야?
연탄이랑 만두 색!

다섯 번째 고개 팔다리는 어떻게 생겼어?
뒤집개+스키 장갑!

여섯 번째 고개 부드러워, 딱딱해?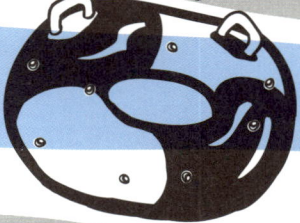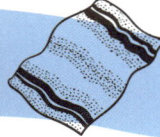
튜브랑 목욕 수건을 생각해 봐.

일곱 번째 고개 어떻게 움직여?
세발자전거처럼 뒤뚱뒤뚱, 로켓처럼 쌩~!

왼쪽 면 물건들 가운데 오른쪽 면으로 오면서 빠진 게 있어요. 무엇일까요?

정답은 124쪽에 있어요.

골치 아파. 하지만 맞힐 거야!

자, 그럼 다음 고개로 갈까?

여덟 번째 고개 새끼는 어떻게 낳아?
엄마가 알을 낳고 아빠가 지켜!

아홉 번째 고개 아빠가 어떻게?
아빠가 50일을 품어.

열 번째 고개 그럼 엄마는 뭐해?
엄마들은 실컷 먹으러 놀러 나가!

열한 번째 고개 모여 살아, 따로 살아?
개미랑 벌처럼 모여 살아. 아기들은 아기들끼리 모여 있어!

열두 번째 고개 아기들은 서로 안 싸워?
유치원생들처럼 사이가 좋아. 그래야 위험하지 않거든.

열세 번째 고개 나보다 잘하는 건?
썰매 없이 썰매 타기, 이불 없이 추위 참기.

열네 번째 고개 나보다 못하는 건?
곱게 노래하기, 두 팔 올리고 나란히 나란히.

왼쪽 면 물건 가운데 오른쪽 면으로 오면서 또 하나가 빠졌어요. 무엇일까요?

정답은 124쪽에 있어요.

알 것도 같은데... 뭐지?

모르겠지? 다음 고개로 가자고!

열다섯 번째 고개 뭘 먹어?

물고기랑 오징어.

열여섯 번째 고개 누구한테 잡아먹혀?

갈매기, 바다표범, 흰줄박이물돼지.

열일곱 번째 고개 그다음에 또 무서운 건?

'땀 흘리는 산'이 무섭대!

열여덟 번째 고개 누가 제일 싫어할까?

느릿느릿 가다 번개처럼 쌩 가니까 자동차가 제일 샘내지.

열아홉 번째 고개 누가 제일 좋아할까?

아이스크림 회사! 멋진 광고를 만들 수 있어서.

스무 번째 고개 누구를 닮았을까?

합창 대회 나가는 아빠!

왼쪽 면에 없지만 오른쪽 면에 뿅 나타난 게 있어요. 무엇일까요?

정답은 124쪽에 있어요.

33

스무고개 정답은 말이지...
지금 바로 써 보겠어.

정답은 126쪽에 있어요.

정답은 **펭귄**입니다.

키는 약 120센티미터이며 몸무게는 38킬로그램 정도예요. 아빠 펭귄은 50일 동안 혼자 알을 지키는데 12킬로그램이나 살이 빠집니다. 알에서 나온 아기를 보고 아빠는 홀쭉한 배 속에서 음식물을 게워 내 먹입니다. 이때 엄마가 바다에서 돌아옵니다. 엄마는 알만 낳고서 아빠한테 아기를 맡기고 배를 채우러 바다로 갔었답니다. 50일 동안 실컷 먹고 엄마들이 돌아온 것이랍니다. 펭귄들은 두리뭉실한 배를 깔고 얼음 위를 미끄러져 빠르게 움직일 수 있어요. 물속에서는 더 빨라서 물고기, 오징어를 눈 깜짝할 사이에 사냥합니다.

"잘 참는 아빠 펭귄, 귀여운 아기 펭귄, 돌아온 엄마 펭귄이야."

"몇 번째 고개에서 맞혔더라? 나라면 금세 맞혔을텐데. 히히."

"너라면 금세 맞힌다고? 좋아."

이건 진짜 어려운데, 이건...
알록달록 텔레비전 색이야!

"문제없어, 첫 번째 고개부터 가 보자고~ 히히."

세 번째
상상 날개를 활짝 펼쳐 봐.

나는 누구일까?
나는 알록달록 예쁜 색이
몽땅 다 들어 있어.
나를 바로 알아맞히면~
너는 진짜 천재~

리모컨, 샌드위치, 상어?
지구를 침략하는 괴물 로봇?
뭘까? 음... 이럴 땐
상상 날개를 펼쳐야 해!

엉망진창 상상하지 말고
제대로 짚어 보렴, 호호.
스무고개를 통해 하나씩
알아 가 봐~

 스무고개 시작해도 되니?

 물론이지, 하나씩 물어봐.

첫 번째 고개   죽었어, 살았어?  열 손가락으로 눌러도 안 움직여.

두 번째 고개   가벼워, 무거워?  리모컨보다 무겁지만 건전지보다 가볍기도 해.

세 번째 고개   살 수 있어?  도넛만큼 쉽게 살 수 있어.

네 번째 고개   얼마야?  우유 3잔 정도 할까?

다섯 번째 고개   커, 작아?  호루라기 1개 크기지만 모이면 6개 정도일까?

여섯 번째 고개   무슨 색이야?  알록달록 텔레비전 색이 다 들어 있어.

일곱 번째 고개   딱딱해, 부드러워?  통통한 생선처럼 부드럽지만 가시는 없어.

모르겠다고?
큰 네모가 첫째 힌트야.

큰 네모 속에 뭐가 있잖아.
네모, 그 속에 한 줄? 뭘까?

왼쪽 면 물건들 가운데 오른쪽 면으로 오면서 빠진 게 있어요.
무엇일까요?

정답은 124쪽에 있어요.

43

여덟 번째 고개 물어볼 거야!

알쏭달쏭. 어렵지롱~ 히히.

| 여덟 번째 고개 | 어디 가면 많아? |

네가 좋아하는 놀이동산!

| 아홉 번째 고개 | 언제 많이 보여? |

해가 쨍쨍, 나뭇잎이 반짝반짝할 때!

| 열 번째 고개 | 무슨 냄새야? |

맛있는 계란 프라이 냄새?

| 열한 번째 고개 | 무엇, 무엇이 필요해? |

땅의 선물, 바다의 선물이 필요해.

| 열두 번째 고개 | 위험할 때도 있어? |

함부로 만지면 안 돼! 잘 터지거든.

| 열세 번째 고개 | 무엇이랑 친해? |

네가 좋아하는 예쁜 배낭이랑 친해.

| 열네 번째 고개 | 여러 종류가 있어? |

소고기부터 김치까지 많고도 많아.

금방 맞힐 줄 알았는데... 뭐지? 뭘까?

호호호, 다음 고개로 가자고!

열다섯 번째 고개 무엇이랑 닮았어?

상어 아니면 크레용?

열여섯 번째 고개 전 세계에서 다 좋아해?

샌드위치를 먹는 나라는 빼고.

열일곱 번째 고개 싫어하는 사람은 어떡해?

그럼 도시락이 있잖아.

열여덟 번째 고개 깜박 잊었을 땐 어떻게 해?

깜박?...그럴 땐... 콜라만 먹어야 해!

열아홉 번째 고개 빨리 먹는 방법은?

엄지와 검지를 깨끗이 닦고 집어!

보이지? 이런 게 다 필요해~

스무 번째 고개 어떤 걸로 만들어?

뱅글뱅글, 또 돌고 있네.
뭔지 이제 알겠어?

치, 이불 돌돌 말고
자는 거야? 알 것도 같은데…

왼쪽 면에 없지만 오른쪽 면에 뿅 나타난 게 있어요.
무엇일까요?

정답은 124쪽에 있어요.

정답은 126쪽에 있어요.

정답을 썼다면,
색깔 숫자를 따라 선을 그어 봐.
그럼 많은 걸 알게 될 거야.

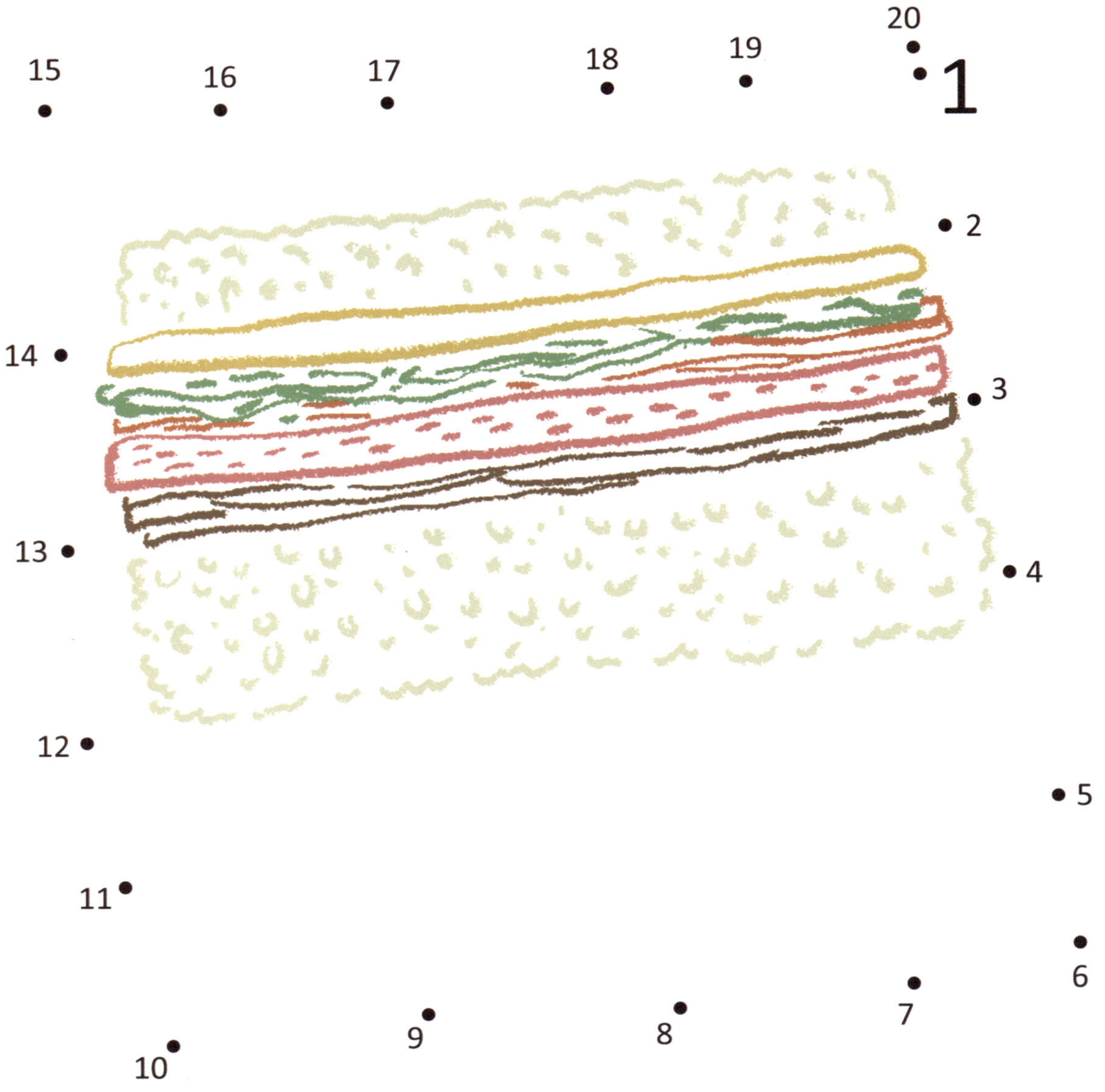

15 16 17 18 19 20
                        1

14   2

13   3

                        4

12

                        5

11
                        6

    10   9   8   7

이것을 만들기 위해 맨 처음 김을 펼치고
그 가운데 밥, 햄, 야채 등 여러 재료를
올려놔.

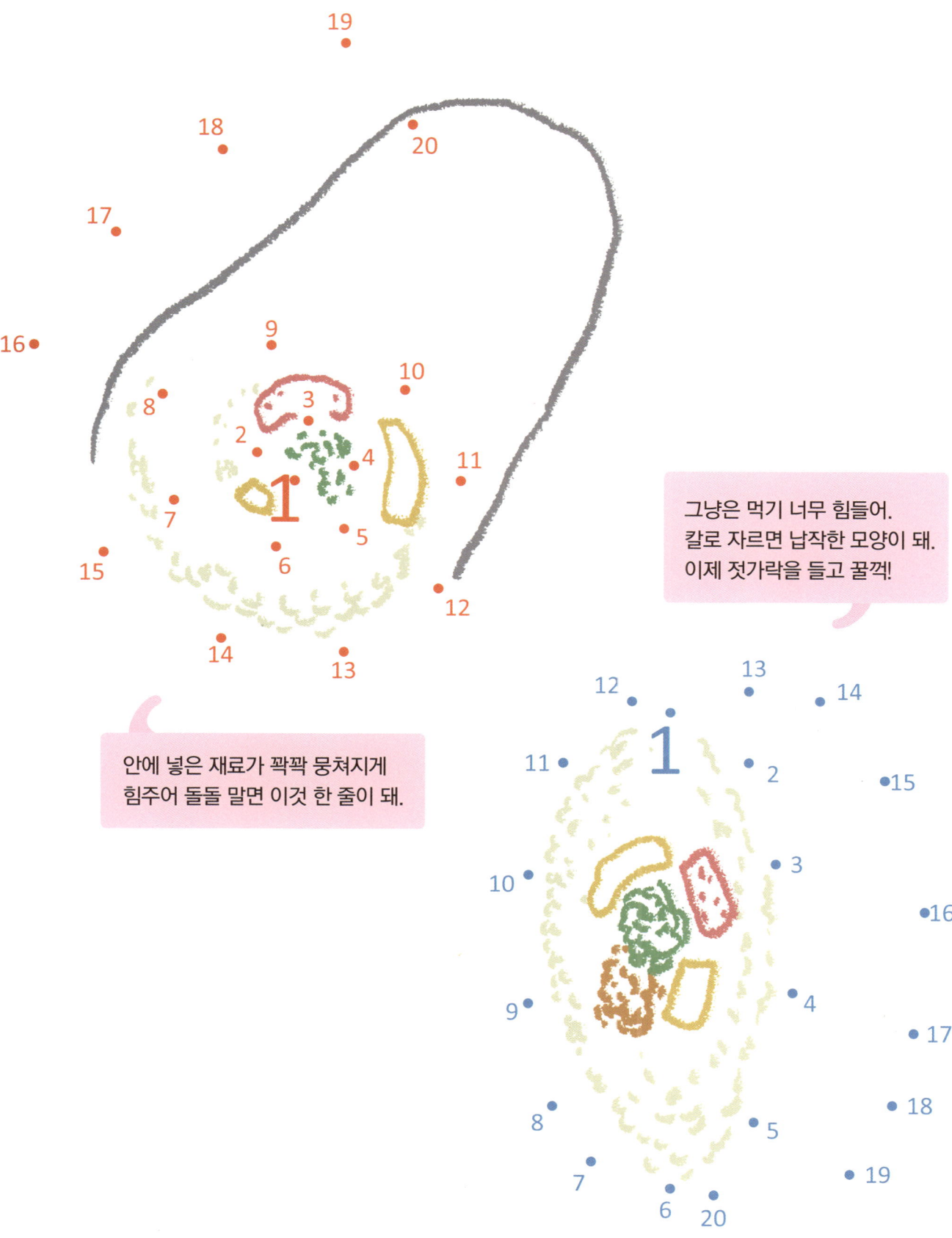

정답은 **김밥**입니다.

김밥은 김 위에 여러 음식을 넣고 단단하게 말아 만든 답니다. 바다에서 난 김과 단무지, 햄, 계란, 시금치, 게 맛살, 소고기 등 여러 영양분을 한 번에 섭취할 수 있답니다. 김밥은 소풍처럼 야외로 나갈 때 많이 먹지만 이제는 가까운 곳에 외출할 때도 많이 먹지요. 김밥은 속에 든 재료가 상하기도 합니다. 그래서 따뜻한 날씨에는 차갑게 보관하고 되도록 빨리 먹는 게 좋답니다. 맨손으로 집어먹는 것도 피해야 해요.

"나도 김밥 좋아해. 그러니까 금세 맞혔지, 꿀꺽!"

"금세 못 맞힌 거 내가 아는데? 이번엔 쉽게 맞힐 수 있는 거로 낼게. 뭐가 좋을까~"

생각했어! 이건... 고양이는 싫어하고...
공주는 엄청 좋아해!

"공주가 좋아해? 고양이는 싫어해? 뭘까, 뭘까, 뭘까?"

나는 누구일까? 나는 가을 여행을 제일 좋아해. 라라라. 나를 바로 알아맞히면~ 너는 진짜 천재~

칫솔, 보석, 당근, 붕어빵? 엉망진창 로봇이 춤추는 거야? 상상 날개를 펼치라고? 펼쳐져라, 펼쳐져라! 끙~

차근차근 하나씩 보라고. 스무고개를 하나씩 넘어가며 상상 날개를 펼치면 알게 될지도? 호호~

 스무고개 시작해도 되니?

 히히, 하나씩 물어봐.

첫 번째 고개 움직여, 안 움직여?  못 움직이지만 여행을 좋아해.

두 번째 고개 어디로 여행을 가?  트럭 타고 도시로~

세 번째 고개 얼마나 커?  장미꽃만큼? 다람쥐만큼?

네 번째 고개 무슨 모양이야?  보름달이었다가 초승달 모양으로~

다섯 번째 고개 무슨 색이야?  붕어빵+고무장갑!

여섯 번째 고개 얼마나 무거워?  연필로 하면… 12자루 정도?

일곱 번째 고개 먹는 거 맞지?  고양이는 절대 안 먹어. 강아지도 물론!

모르겠다고?
그럼 이 모양을 잘 살펴봐.

무슨 도양을 만든 거야?
나뭇잎? 무슨 뜻이지?

왼쪽 면 물건들 가운데 오른쪽 면으로 오면서 빠진 게 있어요. 무엇일까요?

정답은 124쪽에 있어요.

 여덟 번째 고개 물어볼 거야!

 맘대로. 아직 어렵지? 히히.

여덟 번째 고개 　무슨 맛이야?  당근하고 식혜를 합친 맛?

아홉 번째 고개 　냄새는?  창밖 시원한 냄새, 깨끗하게 씻고 난 냄새?

열 번째 고개 　어디서 팔아?  마트에 가면, 대파 칸과 초코 과자 칸 사이에 있어.

열한 번째 고개 　얼마야?  클립 한 상자, 풍선 한 봉지 정도?

열두 번째 고개 　어떻게 먹어?  뾰족 꽁지, 꼼꼼 입, 까만 보석 빼고 먹는 거야.

열세 번째 고개 　만드는 데 뭐가 필요해? 빗방울 5000×5000개, 뜨거운 해님, 그리고 땀방울 5000개?

열네 번째 고개 　언제 여행을 시작해?  송편하고 노란 은행잎이 나올 때쯤?

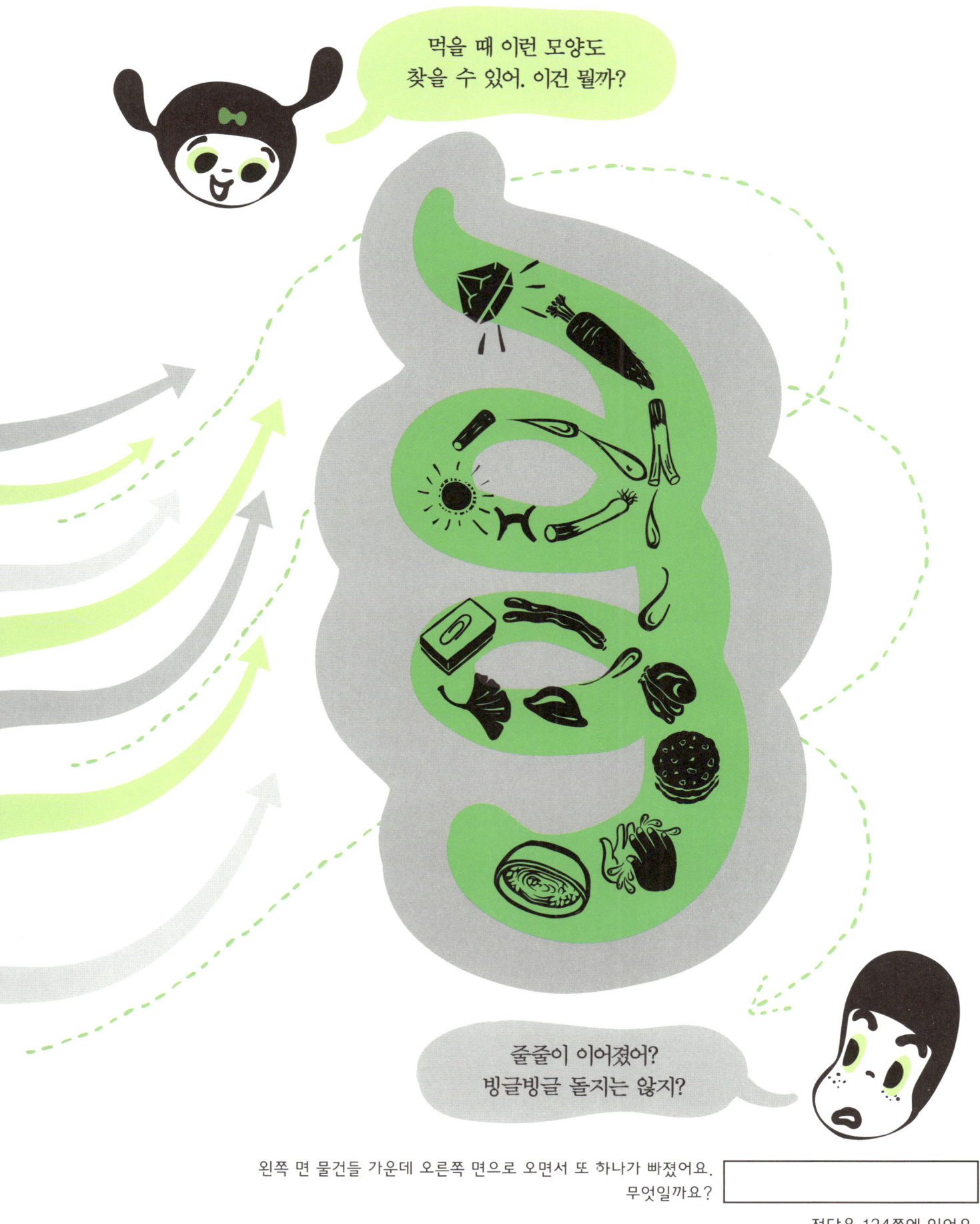

금방 맞힐 줄 알았는데... 뭐지? 뭘까?

호호호, 다음 고개로 가자고!

열다섯 번째 고개 누가 제일 좋아할까?

아마도 백설 공주일걸?

열여섯 번째 고개 누가 제일 싫어할까?

이를 방금 닦은 사람은 싫어해~

열일곱 번째 고개 누구를 닮았어?

노래만 부르면 얼굴 빨개지는 언니!

열여덟 번째 고개 단단해, 부드러워?

겉은 페트병처럼 단단!
속은 눈사람처럼 부드러워!

열아홉 번째 고개 먹는 방법이 또 있어?

빨대로 먹을 수도 있고, 잼을 만들기도 해.

스무 번째 고개 이게 없을 땐 뭘로 대신해?

글쎄, 복숭아를 먹다가 딸기를 먹으면 비슷할까?

자, 이번엔 다른 모양을 만들었어.
알 수 있겠지?

같은 모양이 양쪽에 있다.
저건 바로...

왼쪽 면에 없지만 오른쪽 면에 뿅 나타난 게 있어요.
무엇일까요?

정답은 124쪽에 있어요.

61

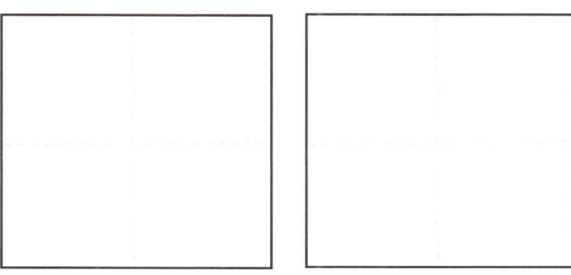

스무고개 정답은 말이지...
지금 바로 써 보겠어.

정답은 126쪽에 있어요.

정답을 썼다면,
색깔 숫자를 따라 선을 그어 봐.
그럼 많은 걸 알게 될 거야.

이것은 가을 과일이야. 여름에 뜨거운 해와 시원한 빗속에서 자라 가을에 익는단다.

정답은 **사과**입니다.

사과는 속은 하얗고 아삭아삭 잘 부서지며 겉은 빨간색이고 단단합니다. 크기는 5~10센티미터 정도, 무게는 500그램 정도입니다. 사과는 신맛과 단맛이 함께 나는 가을 과일입니다. 소화에 도움을 주며 잘 보관하면 겨울이 다 지나도록 싱싱합니다. 잼이나 파이 그리고 주스를 만들어 먹기도 합니다. 까만 씨앗에는 독성이 조금 있으니 먹지 않는 게 좋고, 껍질은 꼭 씻은 후 먹어야 합니다. 사과가 잘 자라라고 농약을 뿌리는데 살짝 남아 있기도 하니까요.

난 벌써 사과인 줄 다 알고 있었다니까. 왜냐하면 난 천재니까!

내 눈치만 보면서 갈팡질팡한 거 다 아는데? 이제 네가 한번 내 보렴. 난 쉽게 맞힐 테지만~

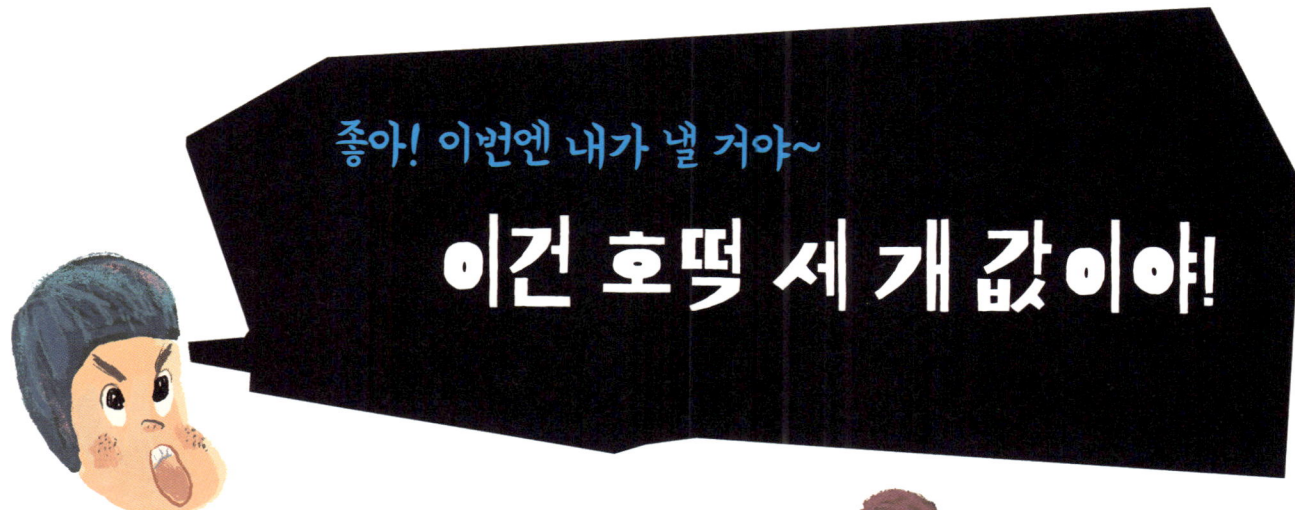

좋아! 이번엔 내가 낼 거야~

이건 호떡 세 개 값이야!

흥, 호떡 세 개 값이면 슬슬 알 것 같아. 스무고개 가 보자고~ 헤헤.

다섯 번째
상상 날개를 활짝 펼쳐 봐.

나는 누구일까?
나는 왕자, 공주랑 무척 친하단다.
나를 바로 알아맞히면~
너는 진짜 천재~

면봉, 소파, 장도리, 신문?
멋대로 괴물이 불을 켰다!
이걸 보고 무슨 상상을 해!
다 합치면 뭐야? 뭐지?

차근차근 하나씩 보라고.
스무고개를 넘어가며 하나씩
알아 가도 되겠지?
상상 날개를 펼치고서~

스무고개 시작해도 되니?

그럼! 하나씩 물어봐.

| 첫 번째 고개 | 죽었어, 살았어? |

죽었지만 토끼가 들으면 깜짝 놀랄 소리를 내!

| 두 번째 고개 | 무슨 소리를 내는데? |

계란 깨지는 소리, 건전지 바꾸고 뚜껑 닫는 소리!

| 세 번째 고개 | 어디에 있어? |

불이 켜진 곳, 꽃이 햇볕을 쬐는 곳!

| 네 번째 고개 | 얼마나 커? |

암파리 5마리 또는 알약 8개 정도?

| 다섯 번째 고개 | 무슨 색이야? |

비구름 아니면 떨어지는 빗방울 색깔!

| 여섯 번째 고개 | 값은 얼마야? |

지우개 4개, 호떡 2개 정도?

| 일곱 번째 고개 | 어디서 팔아? |

엄마 화장품이랑 아기 면봉 파는 곳~

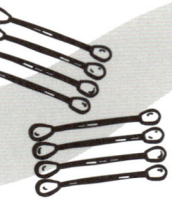

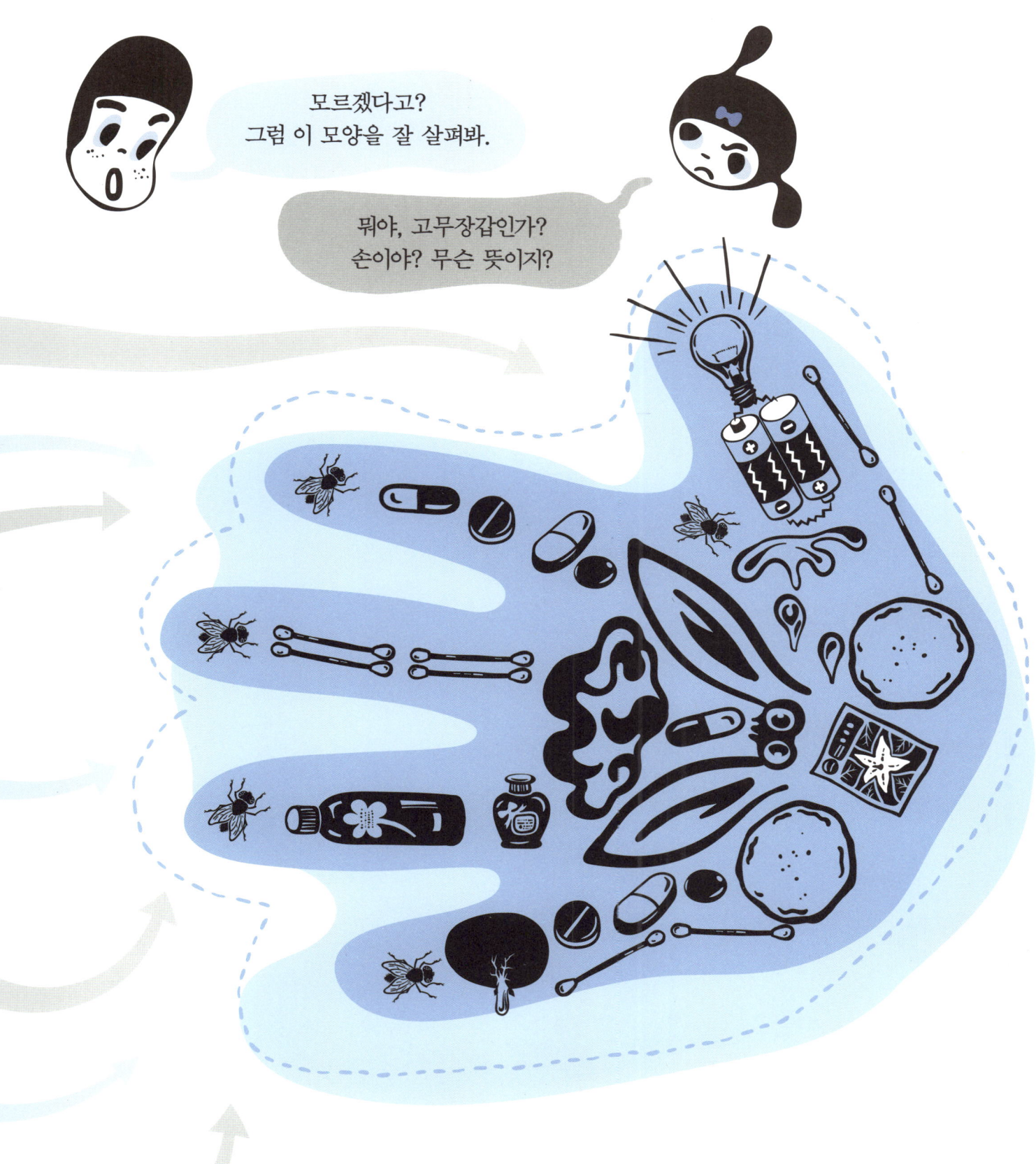

왼쪽 면 물건들 가운데 오른쪽 면으로 오면서 빠진 게 있어요. 무엇일까요?

정답은 124쪽에 있어요.

 다음 고개로 넘어가자고, 빨리!

어렵지? 못 맞히겠지? 히히.

여덟 번째 고개   언제 써?

엄마가 쳐다보다 인상 쓸 때!

아홉 번째 고개   엄마가 무서워서 쓰는 거야?

꼭 그렇지는 않아. 왕자, 공주가 되려면 필수니까.

열 번째 고개   아이들은 즐거워 해?

3초마다 한 번씩 도망가려고 해. 하지만 엄마가 끝까지 꽉 붙잡고 있어.

열한 번째 고개   그래도 도망가면?

그러다 다치면 24시간 내내 아플걸?

열두 번째 고개   어떻게 생겼어?

빨래집게랑 악어가 섞였을걸~

열세 번째 고개   무엇으로 만들어?

굴삭기 아니면 컴퍼스 재료!

열네 번째 고개   아이들도 맘대로 써?

꼬마는 안 돼. 이건 위험하니까~

이런 모양도 보렴.
이제 좀 알겠어?

이번엔 발이야?
여행 가는 거야?
뭘까, 뭘까?

왼쪽 면 물건들 가운데 오른쪽 면으로 오면서 하나가 늘었어요.
무엇일까요?

정답은 124쪽에 있어요.

금방 맞힐 줄 알았는데... 뭐지? 뭘까?

열다섯 번째 고개로 넘어갈게. 얼른 맞히라고!

열다섯 번째 고개 — 뭘 제일 잘해?

칼, 가위는 못하는 일~

열여섯 번째 고개 — 안 보이면 어떻게 찾아?

변기 위, 신문지 아래를 봐~

열일곱 번째 고개 — 사라지면 어떻게 돼?

장갑이랑 양말을 매일 꿰매야 할걸?

열여덟 번째 고개 — 혹시 닮은 것도 있어?

혹시 장도리를 아니? 못을 뺄 때, 그때와 비슷해!

열아홉 번째 고개 — 누구한테든 다 필요해?

돼지, 소 빼고 고양이는 필요해

소파랑 방문을 못 쓰게 만들어 버리니까!

스무 번째 고개 — 왜 고양이만 필요해?

또 힌트야!
이건 무슨 모양일까?

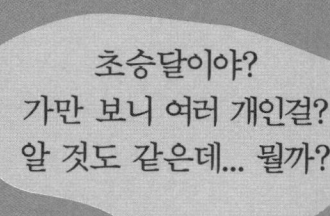

초승달이야?
가만 보니 여러 개인걸?
알 것도 같은데... 뭘까?

왼쪽 면 물건이 오른쪽 면으로 가면서 하나가 빠졌어요.
무엇일까요?

정답은 124쪽에 있어요.

스무고개 끝!
이제 알았지?
힌트를 다 모으면 딱 알걸?

그럼, 벌써 알았지.
내 머릿속에서도
이걸 상상했다고!

스무고개까지 힌트 그림을 다 모았어요. 그런데 딱 하나 빠진 게 있어요.
무엇일까요?

정답은 124쪽에 있어요.

스무고개 정답은 말이지...
지금 바로 써 보겠어.

정답은 126쪽에 있어요.

정답을 썼다면,
색깔 숫자를 따라 선을 그어 봐.
그럼 많은 걸 알게 될 거야.

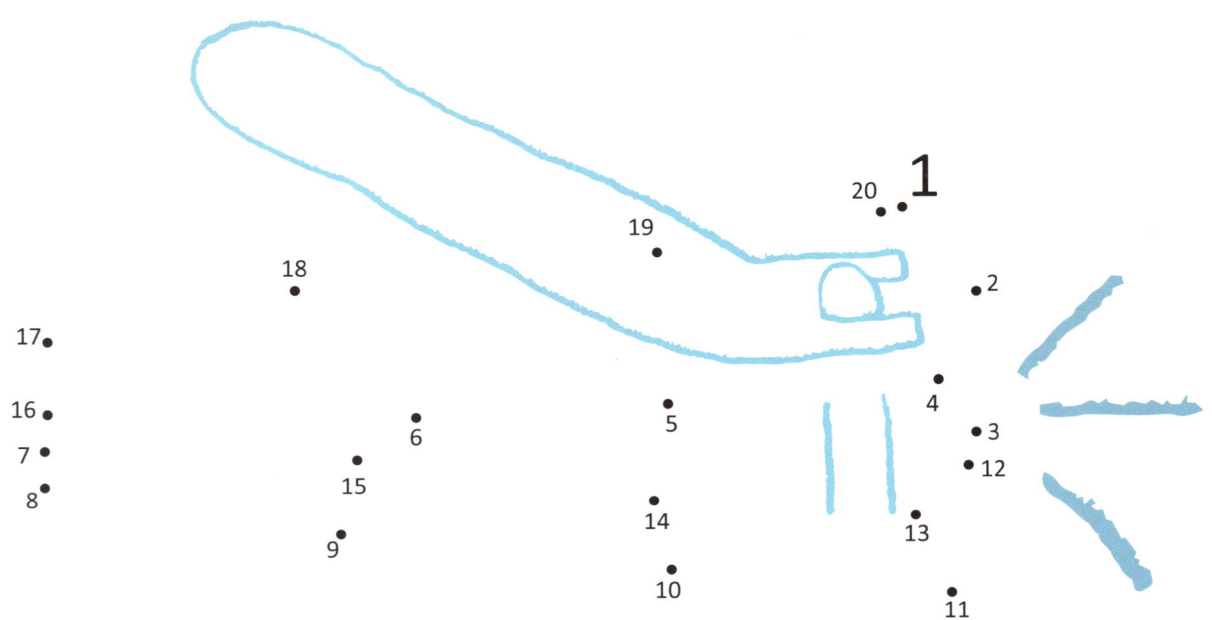

이건 힘이 무척 세지.
손잡이를 누르면 아래위 날이 단단한
손톱을 단숨에 잘라 내.

손과 발은 힘든 일을 많이 해.
그때 손톱과 발톱 덕분에 힘도 세지고
훨씬 안전한 거래.

손톱은 하루에 1밀리미터씩 자란대.
그리고 발톱보다 손톱이 배나 빠르게
자란대.

정답은 126쪽에 있어요.

> 정답은 **손톱깎이**입니다.
>
> 손톱깎이를 사용하면 무척 편리해요. 옛날에는 가위로 손톱, 발톱을 깎았대요. 손톱깎이는 지렛대의 원리로 움직입니다. 손잡이 부분을 꾹 누를 때 날카로운 날 바로 위에서 기둥이 붙잡고 있습니다. 손잡이가 약한 힘으로 내려가도 위아래 날은 단단한 힘으로 꽉 닫힙니다. 이때 손톱이 싹둑 잘려 나가고 말아요. 장도리, 시소에도 지렛대가 숨어 있어요. 손톱깎이는 갖가지 병균으로부터 우리 손을 보호해 주어요. 손톱에 병균이 달라붙을 만하면 바로 깨끗하게 잘라내 주니까요!

맞췄다. 손톱깎이!
쉽게 맞힌 이유는
나도 깔끔한 소녀니까.
호호호~

쩔쩔맬 때는 언제고 쉽게 맞혔다는 거야? 다 내 덕에 쉽게 맞힌 거라고! 룰루루~

치, 내가 생각한 건, 우선...
나침반 바늘을 생각해 봐.

나침반 바늘이라고?
그렇다면...
뭘까, 뭘까, 뭘까?

나는 누굿일까?
나는 이쪽저쪽 위 아래
어느 쪽으로든 움직일 수 있어.
나를 바로 알아맞히면~
너는 진짜 천재~

나침반, 골키퍼, 체중계?
저 엉터리 괴물을 맞히라고?
상상해, 상상해... 뭘까?
상상 날개야, 펼쳐져라!

히히, 통 모르겠지?
스무고개로 하나씩
물어보렴. 빨리 맞히면 천재~

스무고개 시작해도 돼?
다 준비됐지?

히히, 하나씩 물어봐.

첫 번째 고개 눈이 있어, 없어?  깜빡이지 않지만 우주를 담은 눈이 있어.

두 번째 고개 어디 살아?  가재부터 거미가 사는 곳까지 넓고 넓지!

세 번째 고개 어떻게 움직여?  외발자전거처럼, 둥둥 비닐봉지처럼~

네 번째 고개 얼마나 커?  계란 프라이 또는 아기 손바닥 크기?

다섯 번째 고개 무거워, 가벼워?  체중계에 올라가면 0킬로그램.

여섯 번째 고개 무슨 색이야?   팥빙수 아니면 동치미 색깔?

일곱 번째 고개 얼마나 빨라?  빠르지는 않지만 나침반 바늘처럼 마음대로 잘 움직여~

여덟 번째 고개, 물어볼 거야!

맘대로. 아직 어렵지? 히히.

| 여덟 번째 고개 | 느려, 빨라? |  고양이처럼 빨라. 그리고 원숭이처럼 정확해. |

| 아홉 번째 고개 | 뭘 잘 먹어? |  올챙이도 잘 먹고 모기까지 잡아먹어.  |

| 열 번째 고개 | 뭘 안 먹어? |  쫀득쫀득 찹쌀떡, 죽은 나비도 안 먹어.  |

| 열한 번째 고개 | 싫어하는 건? |  물방울, 자석처럼 달라붙어서 못 움직이게 하니까!  |

| 열두 번째 고개 | 사나워, 순해? |  이걸 보면 송사리도 도망가고  벌까지 도망가느라 바빠. |

| 열세 번째 고개 | 무서우니까 없애야 할까? | 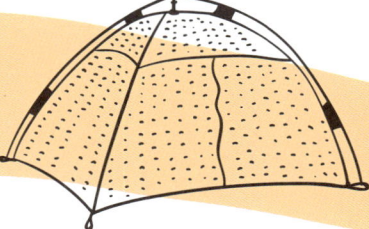 그럼 넌 모기장 속에서만 살아야 할걸? |

| 열네 번째 고개 | 닮은 게 뭐야? |  드론! 그리고 오토바이 헬멧도 닮았지. |

이건 중요한 모양이야.
알 수 있겠니?

두 개? 바위가 두 개?
뭘까, 뭘까?

왼쪽 면 물건들 가운데 오른쪽 면으로 오면서 하나가 늘었어요. 무엇일까요?

정답은 124쪽에 있어요.

 금방 맞힐 줄 알았는데... 뭐지? 뭘까?

 호호호, 벌써 열다섯 번째 고개야, 메롱!

열다섯 번째 고개 어디 가면 쉽게 볼 수 있어? 나뭇잎이 다 떨어지기 전이면 어디에든 있어.

열여섯 번째 고개 우리 가족 중에 닮은 사람은?  채소는 안 먹고 고기만 좋아하는 막내!

열일곱 번째 고개 나보다 잘하는 건? 골키퍼처럼 이쪽저쪽으로 휙휙 움직여.

열여덟 번째 고개 나보다 못하는 건?  난 살금살금 움직일 수 있지만, 이건 고장난 선풍기처럼 부웅부웅 소리가 나.

열아홉 번째 고개 만약 사라진다면?  지구가 슬퍼할지도 몰라. 제일 오래된 사이거든~

스무 번째 고개 얼마 동안 지구에서 살았는데? 공룡 시대부터 시작해서 휴대 전화 시대까지 쭉~

자, 이번엔 다른 모양을 만들었어.
알 수 있겠지?

이건 뭐지? 나이테야?
코끼리 엉덩이인가? 뭘까?

왼쪽 면에 없지만 오른쪽 면에 뿅 나타난 게 있어요.
무엇일까요?

정답은 124쪽에 있어요.

89

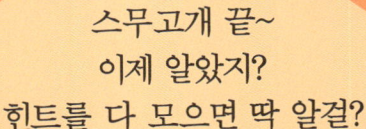

스무고개 끝~
이제 알았지?
힌트를 다 모으면 딱 알걸?

그럼, 벌써 알았다고.
내 머릿속에서도 이걸 상상했다고!

스무고개까지 힌트 그림을 다 모았어요. 그런데 딱 하나 빠진 게 있어요. 무엇일까요?

정답은 124쪽에 있어요.

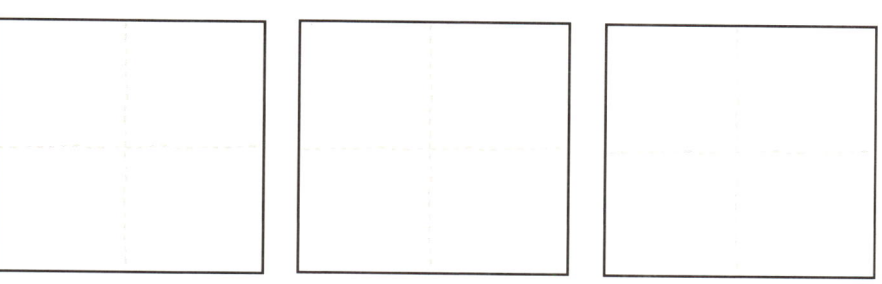

정답은 126쪽에 있어요.

정답을 썼다면, 색깔 숫자를 따라 선을 그어 봐. 그럼 많은 걸 알게 될 거야.

이것의 날개는 특별해. 시끄러운 소리를 내지만 동서남북 어디로든 방향을 재빠르게 바꿀 수 있어.

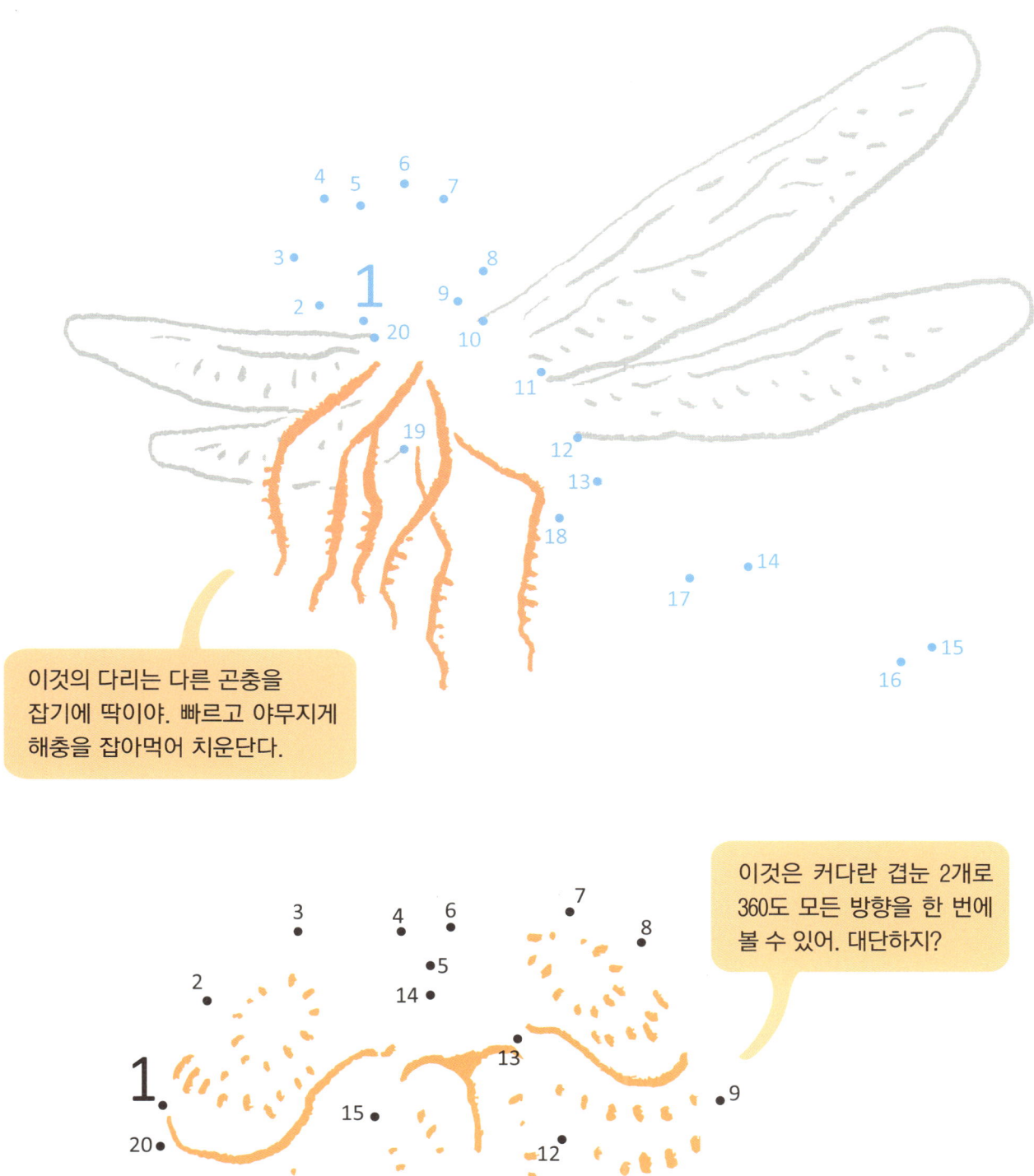

정답은 **잠자리**입니다.

잠자리는 큰 겹눈 2개가 머리를 감싸고 있어요. 입에는 먹이를 씹기 좋게 이빨 모양 돌기가 있어요. 잠자리는 살아 있는 다른 곤충을 잡아먹거든요. 어릴 때는 물속에서 사는데, 작은 송사리를 사냥해 먹기도 한답니다. 물 위로 나온 잠자리는 모기, 파리 등 해충들을 많이 잡아먹습니다. 잠자리 날개는 튼튼해서 자기 몸무게 10배도 쉽게 견딜 수 있답니다. 하지만 시끄러운 소리를 내는 데다 앞뒤 날개가 서로 부딪치기도 하지요.

잠자리를 딱 맞혔으니까
잠자리처럼 날아 볼까?
나는야 천재~

몰라서 쩔쩔매던 게 누구지?
호호.
다음 스무고개는 어려운 걸로
생각해 놓았지?

흐흐... 내가 생각한 건, 그건...

태극기랑 비슷할까?

태극기랑?
그게 뭐지?
뭘까, 뭘까, 뭘까?

일곱 번째
상상 날개를 활짝 펼쳐 봐.

나는 누구일까?
나는 100명이 몰려와도
마음대로 못한다고, 에헴.
나를 바로 알아맞히면~
너는 진짜 천재~

메뚜기, 태극기, 왕관?
저 입 큰 괴물은 뭘까?
저걸 다 합하면, 음…
상상 날개야, 펼쳐져라!

이 그림으로 맞히면 천재!
상상 날개를 펼치면
맞칠 수 있을까? 아니면…
스무고개에서 맞혀 볼래?

스무고개 시작해도 되니?

그럼! 하나씩 물어봐.

첫 번째 고개 죽었어, 살았어?
가만히 있다가 사람만 오면 살아나~

두 번째 고개 살았다면 생각도 해?
이건 생각하지 않고 대신 다른 사람이 열심히 생각해!

세 번째 고개 한 사람도 움직일 수 있어?
혼자서도 쉽지만, 100명이 와도 마음대로 하기는 어려워!

네 번째 고개 가벼워, 무거워?
종이학 5마리 정도?

다섯 번째 고개 얼마야?
잘 익은 군밤 4개 값 정도?

여섯 번째 고개 무슨 색이야?
태극기가 바람에 펄럭입니다~

일곱 번째 고개 얼마나 커?
웅크린 메뚜기 정도 크기?

98

어렵지롱?
이런 모양이라면 힌트가 될까?

한 번 튕겨서 날아올라?
아니면 승리의 브이 모양이야?

왼쪽 면 물건들 가운데 오른쪽 면으로 오면서 빠진 게 있어요.
무엇일까요?

정답은 124쪽에 있어요.

 다음 고개로 넘어가자고, 빨리!

어렵지, 못 맞히겠지? 히히.

여덟 번째 고개 어떻게 움직여?  땅콩처럼 없는 듯 있다가~ 갑자기 배고픈 코끼리처럼 엄청나게 움직여.

아홉 번째 고개 무슨 소리를 내?  해골이 굴러가거나 몽당연필이 도망가는 소리.

열 번째 고개 아무나 할 수 있어?  쉬워. 내 손을 잘 봐. 이렇게!

열한 번째 고개 잃어버리면 아까운 거야?  지켜보던 눈들이 이렇게 돼.

열두 번째 고개 뭐로 만들었어?  나무 의자, 흙 화분, 안경 만들 때 쓰는 거~

열세 번째 고개 무서우니까 없애야 할까?  순했던 친구가 이렇게 변해!!

열네 번째 고개 닮은 게 뭐야?  머릿속에 승리 왕관만 번쩍이니까~

왼쪽 면 물건들 가운데 오른쪽 면으로 오면서 하나가 또 빠졌어요. 무엇일까요?

정답은 124쪽에 있어요.

101

금방 맞힐 줄 알았는데... 뭐지? 뭘까?

상상해 보라고~ 답은 도대체 뭘까요?

열다섯 번째 고개 무슨 동물이랑 닮았어?

어느 구멍에서 나올지 알 수 없는 두더쥐!

열여섯 번째 고개 이 세상에서 사라지면?

알쏭달쏭 물음표도 없어질 거야~

열일곱 번째 고개 없을 땐 뭘로 대신해?

동전! 더 편한 건 손이지!

열여덟 번째 고개 누가 제일 싫어해?

숙제 기다리는 선생님~

열아홉 번째 고개 언제 많이 써? 5.5 10.3
빨간 날짜일 때 많이 써. **12.25**

스무 번째 고개 비슷한 친척이 있어?

트럼프, 윷 그리고 사다리 타기?

아주 중요한 힌트야! 무슨 모양일까?

동그라미? 설마 데굴데굴 공은 아니겠지?

왼쪽 면 물건들 가운데 오른쪽 면으로 가면서 하나가 빠졌어요. 무엇일까요?

정답은 124쪽에 있어요.

스무고개 정답은 말이지...
지금 바로 써 보겠어.

정답은 126쪽에 있어요.

정답을 썼다면,
색깔 숫자를 따라 선을 그어 봐.
그럼 많은 걸 알게 될 거야.

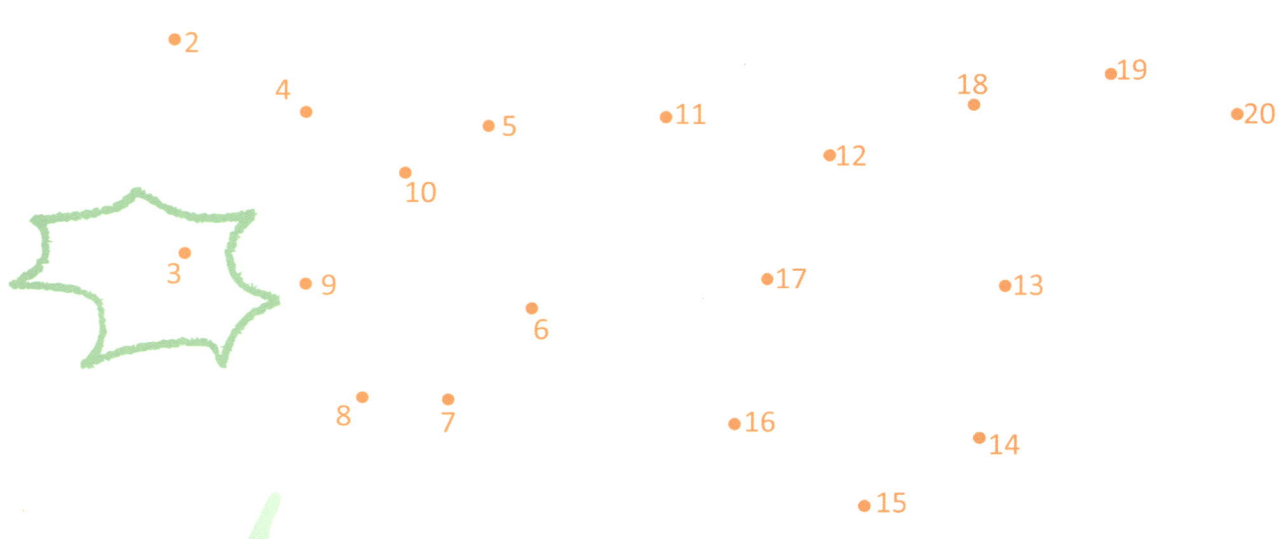

이것을 굴려서 멈출 때를 기다려야 해.
몇 바퀴를 구르고 멈출지 아무도 알 수 없어.

정답은 **주사위**입니다.

주사위는 사람의 역사만큼이나 오래되었어요. 2000년도 더 되었다는 얘기이지요. 옛날에는 뼈, 상아로도 만들었어요. 지금은 손으로 쥐었다 던지지만 옛날에는 컵에 넣어 흔들다가 던졌어요. 주사위의 점은 1부터 6까지 여섯 가지입니다. 점 하나만 있을 때, 붉은색으로 칠하며 나머지 점들은 검은색으로 칠합니다. 파란색이 없기는 하지만 태극기 색과 살짝 닮았어요. 주사위는 간단하고 훌륭한 장난감이지만 너무 푹 빠져도 안 되겠지요?

"주사위는 작지만 엄청나게 힘이 세. 나도 작지만 엄청 똑똑한데!"

"후후, 몰라서 헤맬 때는 언제고! 다음 스무고개나 어서 내 보라고~"

생각했어! 이건 겁이 많아. 그중에서도...
수도꼭지를 무서워해!

"도깨비도 아니고 귀신도 아니고 수도꼭지를 무서워해? 뭘까, 뭘까, 뭘까?"

여덟 번째
상상 날개를 활짝 펼쳐 봐.

나는 누구일까?
나는 남산보다 크고
털모자보다 작아.
나를 바로 알아맞히면~
너는 진짜 천재~

전구, 계란, 철교, 털모자가 보이지만... 몽땅 모이니까 머리만 아프잖아. 상상 날개를 펴 보라고? 끙~

상상 날개를 펴도 통 모르겠지롱~ 그럼 스무고개로 한 고개씩 넘어가 보자고!

일찍 맞혀도 괜찮지?
스무고개 시작?

히히, 쉽진 않을걸?

첫 번째 고개 죽었어, 살았어?
두 눈이 말똥말똥하지만 살아 있는 건 아냐.

두 번째 고개 그럼 눈이 어떻게 생겼길래?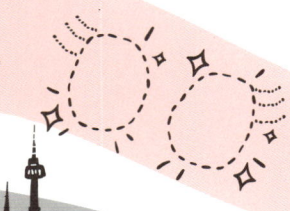
빛나기도 하고 안 보이기도 해!

세 번째 고개 얼마나 커?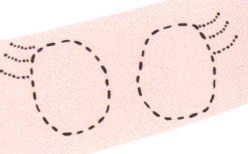
남산보다 더 크다가 털모자보다 작기도 해.

네 번째 고개 가벼워, 무거워?
병아리 한 마리 무게밖에 안될걸~

다섯 번째 고개 무슨 색깔이야?
흰 구름 색이지만 색색의 비눗방울 색도 많아.

여섯 번째 고개 가격은 얼마 정도야?
게임 시디 3장 정도?

일곱 번째 고개 무슨 모양이야?
계란이랑 지팡이 그리고 철교까지 합해져 있어

 이제 알 것 같아, 다음 고개!

 여덟 번째 고개 같을까? 헤헷.

여덟 번째 고개 쉽게 살 수 있어?  기다려야 해. 하루 아니면 한 달 기다릴지도 몰라.

아홉 번째 고개 어디에 잘 있어?  여기저기 옮겨 다녀. 수건, 책, 베개 옆을 잘 봐.

열 번째 고개 언제 써?  머리 말리고 난 다음부터 하루 종일~

열한 번째 고개 무서워하는 것도 있어?  수도꼭지! 바로 그때 느닷없이 버려지기도 하니까~

열두 번째 고개 누구나 가지고 있어?  아기는 필요 없어.  영웅도 물론이지!

열세 번째 고개 뭘로 만들어?  딱 내 방 창문 재료면 돼!

열네 번째 고개 없으면 어떻게 돼?  두 눈이 변해. 화난 건 아니고~

이런 모양은 어때?
어디서 본 것 같지 않니?

계란도 아니고 딸기도 아냐.
그렇다면... 뭘까, 뭘까, 뭘까?

왼쪽 면 물건들 가운데 오른쪽 면으로 오면서 하나가 또 빠졌어요. 무엇일까요?

정답은 124쪽에 있어요.

알쏭달쏭 헷갈려~
하지만 꼭 맞힐 거야!

호호호,
벌써 열다섯 번째
고개야, 메롱!

열다섯 번째 고개 누가 제일 좋아해?  우리 할아버지야. 4개나 있거든.

열여섯 번째 고개 왜 다들 이걸 써?  꼭 전구를 켜 놓은 것처럼 환해지거든~

열일곱 번째 고개 닮은 동물이 있다면?  개구리랑 사마귀를 봐~

열여덟 번째 고개 종류가 다양해?  수영복, 스키복처럼 여러 종류가 필요해.

열아홉 번째 고개 대신 쓸 수 있는 건?  그런 건 없지만 해가 환하면 이게 필요 없기도 해.

스무 번째 고개 친한 친구도 있어?  보들보들하고 힘센 바로 이것!

 또 중요한 모양을 만들었어. 어때, 이제 쉽지?

 둥글둥글, 뭘까? 그 안에 뭐지? 많이 봤는데...

왼쪽 면에 없지만 오른쪽 면에 뿅 나타난 게 있어요. 무엇일까요?

정답은 124쪽에 있어요.

스무고개 정답은 말이지...
지금 바로 써 보겠어.

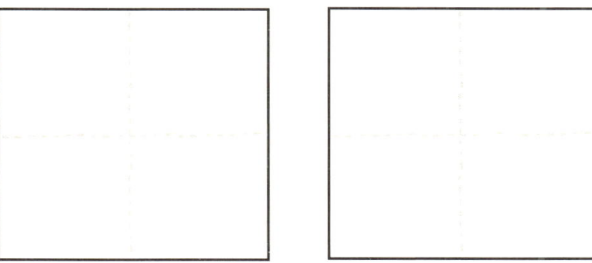

정답은 126쪽에 있어요.

정답을 썼다면,
색깔 숫자를 따라 선을 그어 봐.
그럼 많은 걸 알게 될 거야.

이것의 다리는 귀에 편안하게 걸려야
겠지? 콧등을 받치는 코 패드도
물론 부드러워야 해!

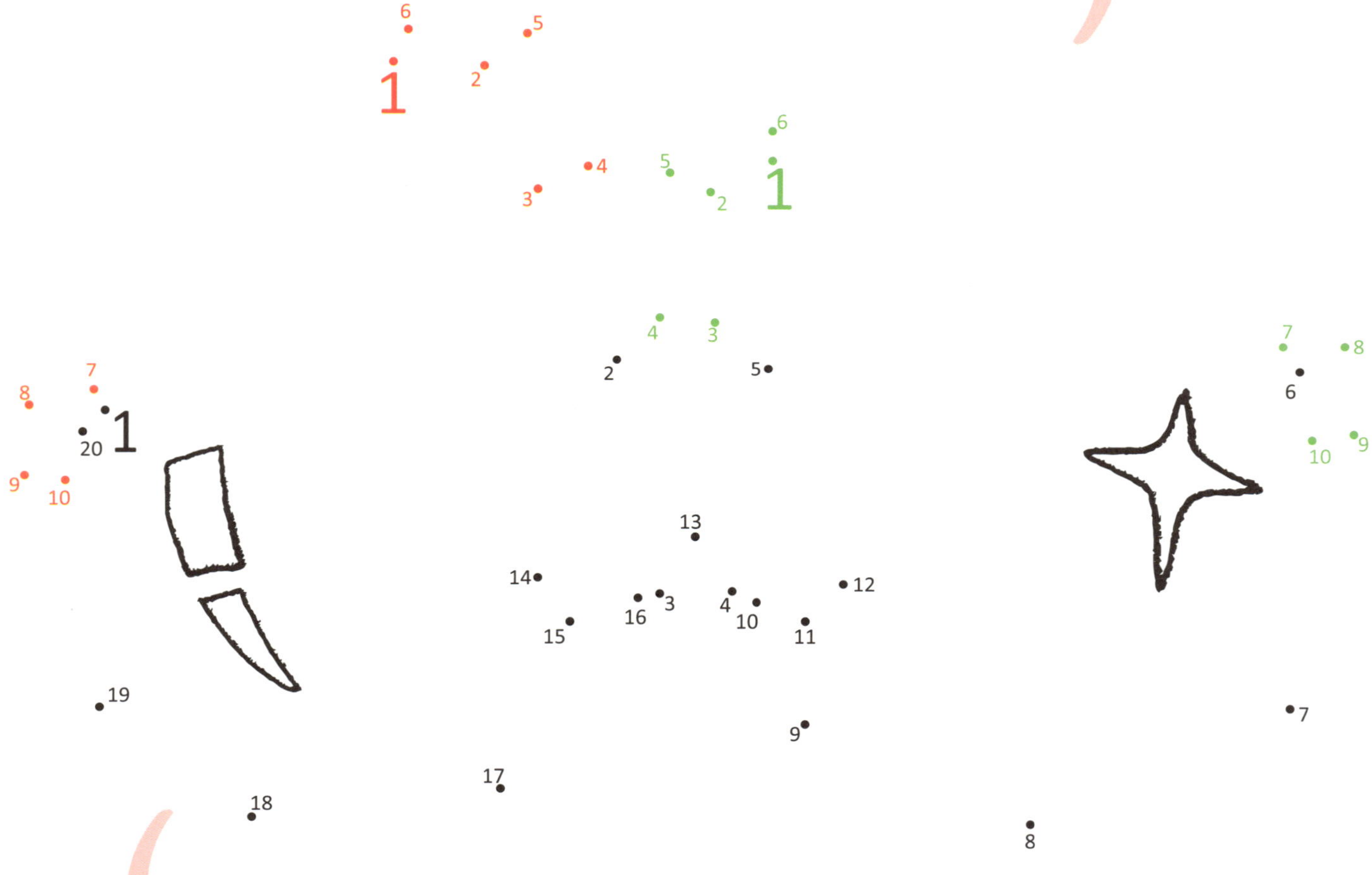

이건 두 개의 렌즈가 제일 중요해.
부드러운 천으로 잘 닦아서 항상
깨끗하게! 반질반질 번쩍번쩍!

이건 여러 종류가 있어. 동그란 모양, 네모난 모양 그리고 색깔이 들어간 것까지 많고도 많아!

정답은 126쪽에 있어요.

정답은 **안경**입니다.

안경은 앞을 잘 볼 수 있게 도와주어요. 눈속의 수정체가 세상을 잘 보도록 도우미가 되어 주어요. 더 크게 보이도록 돕기도 하고, 그 반대로 돕기도 합니다. 안경의 렌즈는 플라스틱이나 유리를 씁니다. 또는 렌즈에 코팅을 해서 여러 용도로 쓰기도 합니다. 햇빛이 덜 들어오도록 만든 선글라스는 밖에서 활동할 때 도움이 됩니다. 안경을 닦을 때는 부드러운 천을 써서 렌즈에 상처가 나지 않도록 해야겠지요?

히히, 스무고개를 넘다 보니 나도 제법이잖아!

맞아, 고개를 넘어갈수록 똑똑해졌지 뭐야. 호호호.

우리 둘이 힘을 합치면...
스무고개 왕이야!

스무고개를 넘고 넘어 상상 날개를 달고 훨훨!

정답

첫 번째 상상 날개를 활짝 펼쳐 봐.

15쪽 병뚜껑   17쪽 아빠 넥타이    19쪽 뼈다귀   20쪽 아빠 넥타이

두 번째 상상 날개를 활짝 펼쳐 봐.

29쪽 세발자전거    31쪽 곱게 노래하기

33쪽 세발자전거    34쪽 튜브

세 번째 상상 날개를 활짝 펼쳐 봐.

43쪽 건전지   45쪽 김치    47쪽 김치    48쪽 콜라

네 번째 상상 날개를 활짝 펼쳐 봐.

57쪽 도시    59쪽 창밖 시원한 냄새    61쪽 고무장갑 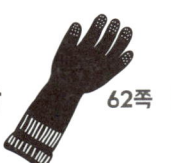   62쪽 장미

다섯 번째 상상 날개를 활짝 펼쳐 봐.

71쪽 꽃이 햇볕을 쬐는 곳    73쪽 꽃이 햇볕을 쬐는 곳    75쪽 장도리    76쪽 양말

여섯 번째 상상 날개를 활짝 펼쳐 봐.

85쪽 손바닥    87쪽 거미

89쪽 계란 프라이    90쪽 체중계

일곱 번째 상상 날개를 활짝 펼쳐 봐.

99쪽 가위표 쳐진 전구    101쪽 흙 화분   103쪽 트럼프    104쪽 굴러가는 해골

여덟 번째 상상 날개를 활짝 펼쳐 봐.

113쪽 남산    115쪽 수건    117쪽 비눗방울    118쪽 수영복

정답

첫 번째 상상 날개를 활짝 펼쳐 봐.

21쪽 우 산

22~23쪽

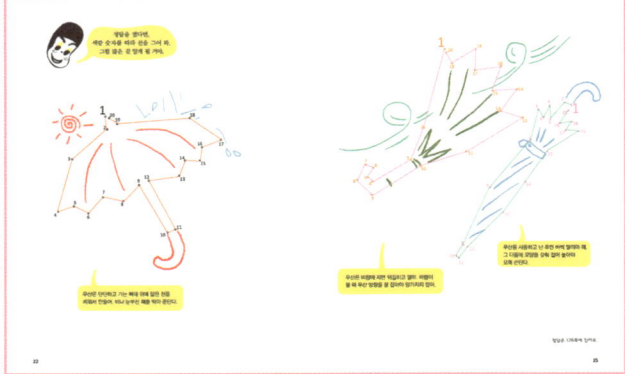

두 번째 상상 날개를 활짝 펼쳐 봐.

35쪽 펭 귄

36~37쪽

세 번째 상상 날개를 활짝 펼쳐 봐.

49쪽 김 밥

50~51쪽

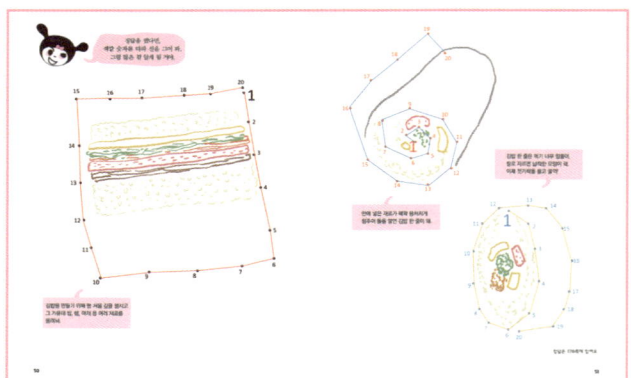

네 번째 상상 날개를 활짝 펼쳐 봐.

63쪽 사 과

64~65쪽

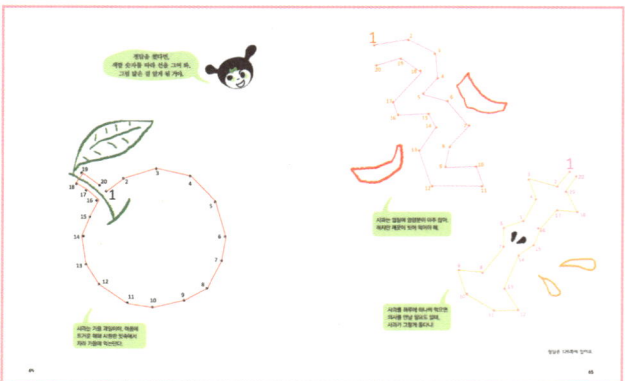

다섯 번째 상상 날개를 활짝 펼쳐 봐.

77쪽 손 톱 깎 이

78~79쪽
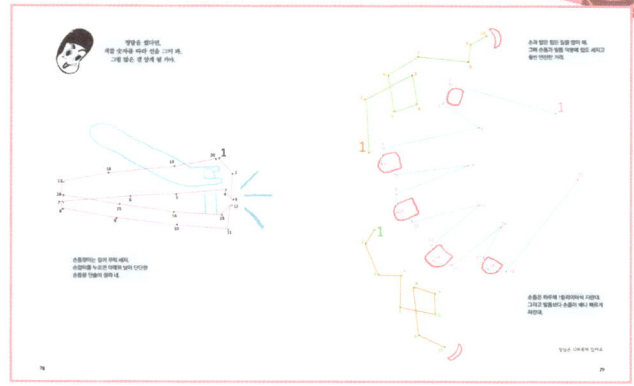

여섯 번째 상상 날개를 활짝 펼쳐 봐.

91쪽 잠 자 리

92~93쪽
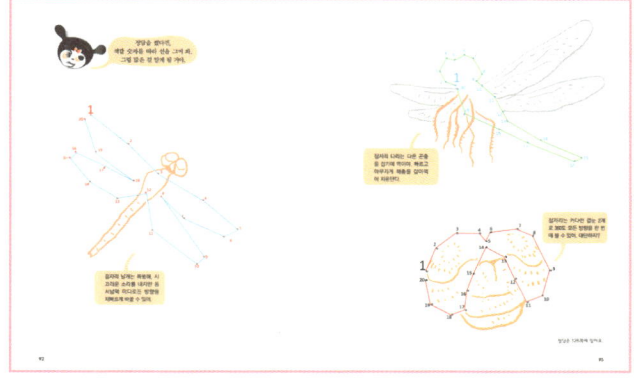

일곱 번째 상상 날개를 활짝 펼쳐 봐.

105쪽 주 사 위

106~107쪽
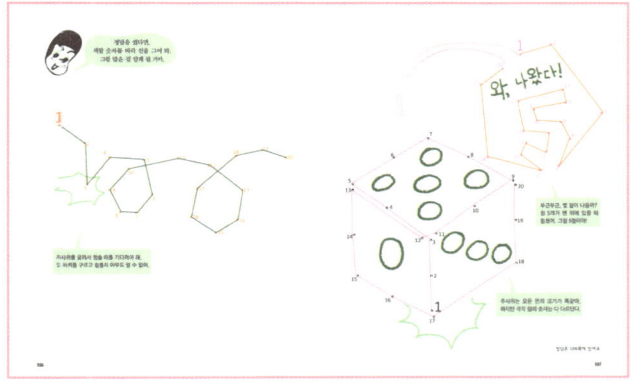

여덟 번째 상상 날개를 활짝 펼쳐 봐.

119쪽 안 경

120~121쪽
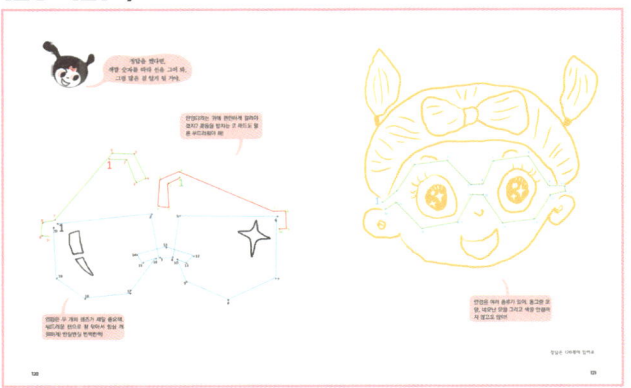

지은이 이형진

전라북도 정읍에서 태어났고, 쑥쑥 자라서 서울대학교 미술대학을 졸업했어요. 어릴 적부터 그림 그리기를 제일 좋아했고, 철들어서는 만화를 그리고 싶어 했어요. 대학에선 만화가를 준비하다가 졸업 후 어린이 책에 그림을 그리기 시작했답니다. 그린 책으로『점동아, 어디 가니?』,『고양이』,『안녕 스퐁나무』등이 있으며, 기획하고 그린 책으로는 〈코앞의 과학〉 시리즈 등이 있어요. 쓰고 그린 책으로는『끝지』,『명애와 다래』,『뻐꾸기 엄마』,〈리리 이야기〉 시리즈,『작은 씨』등이 있어요.

상상날개 스무고개

초판 인쇄 2018년 12월 31일 **초판 발행** 2018년 12월 31일
지은이 이형진
펴낸이 남영하
편집 김영아 한경애 **디자인** 박규리 **마케팅** 주영상
종이 세종페이퍼 **인쇄** 미광원색사 **제본** 신안문화사

펴낸곳 ㈜씨드북 **등록** 제2012-000402호
주소 03997 서울시 마포구 월드컵로16길 52-23
전화 02) 739-1666 **팩스** 0303) 0947-4884
홈페이지 www.seedbook.kr **전자우편** seedbook009@naver.com
인스타그램 instagram.com/seedbook_publisher
페이스북 facebook.com/seedbook.kr **카카오스토리** story.kakao.com/seedbook
ISBN 979-11-6051-247-2 (74300)
세 트 979-11-6051-246-5

글, 그림 ⓒ 이형진

이 책은 저작권법에 따라 보호받는 저작물이므로 무단 전재와 무단 복제를 금지하며,
이 책 내용의 전부 또는 일부를 이용하려면 반드시 저작권자와 ㈜씨드북의 서면 동의를 받아야 합니다.

책값은 뒤표지에 있습니다. 잘못 만들어진 책은 구입하신 서점에서 바꾸어 드립니다.

이 도서의 국립중앙도서관 출판예정도서목록(CIP)은 서지정보유통지원시스템 홈페이지(http://seoji.nl.go.kr)와
국가자료공동목록시스템(http://www.nl.go.kr/kolisnet)에서 이용하실 수 있습니다.
(CIP제어번호: 2018039650)